AF264010

LA VIE

DE

SAINTE IDE,

VEUVE,

COMTESSE DE BOULOGNE,

mere de Godefroy de Bouillon Roy
de Jérusalem; de laquelle le Corps est
en veneration dans l'Eglise des Religieuses Benedictines de l'Adoration
perpetuelle du tres-saint Sacrement,
ruë Cassette à Paris.

A PARIS,

Chez R. CHEVILLION, ruë saint
Jacques, près la Fontaine S. Severin,
à la Colombe royale.

M DC XCII. 94

Avec Approbation, & Permission.

[illegible]

[illegible]

[illegible]
[illegible]
[illegible]
[illegible]
[illegible]

[illegible]
[illegible]

[illegible]
[illegible]

LA VIE
DE SAINTE IDE,
VEUVE,

COMTESSE DE BOULOGNE,

mere de Godefroy de Bouillon
Roy de Jerusalem :

honorée le 13. Avril.

SI cette Princesse est tres-illustre du côté de ses ancêtres, elle est encore plus éclatante en ses descendans. Elle étoit fille de Godefroy le Hardy Duc de Lorraine, surnommé le Grand, & le Barbu ; & elle fut mere de Godefroy de Bouillon, & de Baudouïn son frere, premiers Rois Chretiens de Jerusalem. Elle descendoit des Empereurs, Charlemagne, Louis le Debonnaire,

Lotaire, & Louis le Begue, par la Reine Ermengarde sa fille, bisayeule de Gothilon le Grand, Duc de Lorraine, grand-pere de nostre Sainte.

Nostre Seigneur joignit à la grandeur de sa naissance des qualitez personnelles qui la rendirent fort aimable : elle avoit de l'esprit, de la sagesse, de la pieté, elle jouissoit des biens de la terre sans y attacher son cœur. Un soir qu'elle s'endormit sur la meditation des beautez du Ciel, elle songea que le Soleil se détachoit de sa sphere pour venir loger au milieu de son sein. Elle connut la verité de cet enigme dans l'exaltation de ses enfans.

Estant en âge nubile, sa mere Ode la donna en mariage à Eustache Comte de Boulogne, dont la grand' niere estoit Gerberge, petite-fille de Louis d'Outremer. Dieu benit ce mariage de trois fils, Eustache, Godefroy, & Baudouin. L'aîné succeda aux Etats de son pere : les deux autres furent Rois de Jerusalem. La sainte Comtesse les nourrit tous de

son propre laît. Elle avoit plus de
soin de les avancer dans la pieté que
dans la grandeur du siecle, & Dieu
les combla de toutes les deux. Elle
ne fut point contredite de son Epoux
dans toutes ses pratiques de vertu :
il consentit toûjours à ses pieux
desseins. Elle prit un soin particu-
lier de la décoration des Eglises :
elle travailloit elle-mesme aux or-
nemens des Autels, & en envoyoit
en divers lieux ; car sa magnificence
n'avoit point de bornes. Elle avoit
une charité tendre envers les pauvres, les malades, les veuves, & les
orphelins, les assistant de ses au-
mônes, & de ses conseils : elle con-
soloit les affligez : & les personnes
que la vieillesse rent incommodes
à la plus grande partie du monde
trouvoient en elle de la douceur &
de la condescendance.

Les choses estant en cet estat, il
plut à Dieu d'enlever du monde le Mort
Comte de Boulogne. Sa mort fut de son
tres-sensible à sa bienheureuse épou- mary.
se ; qui deslors ne s'appliqua plus

qu'aux choſes du Ciel. Sa vie fut une ſuite de bonnes œuvres que Dieu releva par pluſieurs miracles. Eſtant allée en Allemagne pour une affaire que la charité luy fit entreprendre pour le ſoulagement de ſa famille, elle trouva dans le veſtibule d'une Egliſe de ſainte Valburge, une femme hydropique couchée par terre: la Sainte en ayant compaſſion s'approcha d'elle, & l'ayant relevée de ſes propres mains, la ſanté luy fut auſſi-tôſt rendue.

Eſtant revenue à Boulogne, elle fonda en cette Ville le Monaſtere de ſaint Vilmer, où dans la ſuite furent mis des Chanoines réguliers, puis des Minimes, & enfin dés Peres de l'Oratoire. Elle rétablit auſſi l'Abbayïe de Samèr pour des Benedictins, & fonda le Prieuré de ſaint Michel du Houat où elle mit des Moines de Clugny que S. Hugues luy envoya ſur la lettre qu'elle luy en avoit écrite; & par là on peut dire, qu'elle fut aſſociée à l'Ordre de ſaint Benoiſt.

Elle paſſa depuis en Angleterre, où l'on croit que Guillaume le Conquérant avoit donné quelques Domaines au Comte de Boulogne en reconnoiſſance des grands ſecours qu'il en avoit tiré. Elle y guérit un boiteux en luy donnant l'aumône, & auſſi-toſt ſe retira craignant l'applaudiſſement du monde : en effet chacun s'informant de luy comment la ſanté luy avoit eſté renduë, il répondit qu'une Dame qu'il n'avoit point encore vûë avoit fait ce miracle ſans qu'il l'en eût ſollicitée. Ainſi la Sainte fut découverte, & environnée d'une troupe de malades qu'elle fut obligée de ſoulager.

Eſtant de retour, elle fonda le Monaſtere de Notre-Dame de la Capelle près de Calais, où elle mit des Benedictins qu'elle fit venir de Ham. L'un d'eux nommé Ravengér en fut fait premier Abbé. Dans la Chronique de ſaint Bertin écrite un peu avant l'an 1380. on lit que l'Abbé de la Capelle a le droit s'il se trouvoit à Rome à une Meſſe Pontificale, d'y tenir l'Epiſtolier ouvert au Soûdiacre durant qu'il liroit l'Epître.

Cette pieuſe Comteſſe rétablit l'Egliſe & le College de Lens en Artois, elle entreprit cette reparation pendant la vie de ſon mary, environ l'an mille ſoixante & dix. Les biens qu'ils y firent furent ſi grands que pluſieurs ont cru qu'ils en étoient les Fondateurs, quoy qu'il y eût des Chanoines dés l'an mille vint-huit, & que le Comte reconnoiſſe qu'elle doit ſon origine à ſes prédéceſſeurs. Cette Egliſe titrée d'abord du nom de la ſainte Vierge, prit enſuite le nom de ſaint Vilgaine qu'elle a encore.

On feroit un Traité entièr des Fondations de cette ſainte Veuve, & de ſa liberalité envers les Monaſteres. Elle donna la Terre de Baſy près de Namur au Monaſtere de ſaint Pierre que ſon pere avoit fondé en ſa ville de Bouillon dans le Luxembourg.

Le Monastere d'Afflighem prés de Bruxelles en a receu divers faveurs. Dans une charte de plusieurs donations qu'elle luy fit en mille quarrevints-seize; après avoir nommé les Religieux de cette sainte Maison, ses seigneurs & ses freres, & avoué qu'elle prenoit un plaisir singulier en leur conversation; elle ajoûte, que bien loin d'esperer du secours des richesses de la terre, elle établissoit sa confiance dans les prieres des serviteurs de Dieu. Ensuite elle marque le contenu de sa donation, en terres, en dîmes, & en choses pareilles, qu'on peut voir dans l'authentique expedié en l'Eglise de saint Servais de Mastrict en presence des Reliques de sainte Gertrude, daté de l'année que l'Armée Chretienne passa en Orient pour le recouvrement de la Terre sainte.

Le Monastere de saint Bertin, qui est dans la ville de saint Omer, se ressentit encore de ses bienfaits, comme on peut voir par la charte qu'elle en fit en mille quatre-vints-

Mireus Codice donat. c. 68. ibidem. c. 70.

dix-huit, où elle exprime sa dispo-
sition en ces termes si chretiens :
,, Personne n'ignore (dit-elle) que la
,, mort est aussi assurée que les cir-
,, constances en sont douteuses, &
,, qu'ainsi il n'y a rien de plus neces-
,, saire que de pourvoir à son salut,
,, par de bonnes œuvres, par des au-
,, mônes, & par l'assistance des mi-
,, sérables : La décadence des choses
,, du monde nous apprend assez qu'il
,, n'y a pas un moment à perdre: c'est
,, pourquoy je veux encore favoriser
,, les Religieux de saint Bertin des
,, donations suivantes. Elle explique
ensuite les possessions qu'elle cede
à ce Monastere , sans qu'à l'avenir
les Comtes de Boulogne ny leurs
héritiers y puissent rien prétendre.

En parlant de l'Eglise de saint
Vilmèr de Boulogne, nous n'avons
pas specifié qu'elle en fit faire la Dé-
dicace par Gérard Evêque de Té-
roanne l'an mille quatre-vints dix-
neuf. Ce fut en ce lieu qu'elle pré-
senta une infinité de vœux pour le
salut de ses enfans, qui combat-

toient contre les ennemis de Jesus-Christ. Et ce fut là aussi qu'on dit qu'elle vit en esprit la victoire de Godefroy de Bouillon son second fils, sur cette armée innombrable de Sarrazins qu'il défit par le secours du Ciel, après quoy il se jetta le premier dans la ville de Jérusalem l'épée à la main, ayant à ses côtez son frere Eustache, le Comte Baudouin du Bourg son cousin, & les deux vaillans freres de Tournay, Lutold & Engelbaut, suivis d'une troupe choisie de Barons & de Chevaliers, qui ne l'abandonnoient jamais, & qui secondoient le zele avec lequel il punissoit les ennemis de Jesus-Christ & vangeoit les cruautez qu'ils avoient si souvent exercées contre les Chretiens. On voit par les Ecrivains de ce temps-là, que la premiere chose que fit Godefroy après avoir pourvu à la sureté de la Ville, fut d'aller au saint Sepulcre rendre ses devoirs à Notre Seigneur Jesus-Christ,

Guill. de Tyr.

& de tres-humbles & tres-ardentes actions de graces, pour la delivrance de la sainte Cité qu'il avoit si fort desirée. Cette action de Religion toucha si puissamment toute l'Armée, que passant d'une fureur des plus allumées à une devotion tres edifiante ; depuis le premier des Princes jusqu'au dernier des soldats, tous allérent en Procession avec les Chretiens de Jerusalem se prosterner devant le saint Sepulcre, où ils rendirent leurs vœux avec tant de larmes & de soûpirs qu'on ne vit jamais une pieté plus tendre. La prise de Jerusalem arriva le quinzieme de Juillet, un Vendredy, à la même heure que Notre Seigneur expira sur la Croix.

Le plus riche butin qui se fit en cette Journée, fut celuy de Tancrede, qui enleva du Temple de Salomon un trésor inestimable, en or, en argent, & en pierreries, qu'il eut la generosité de présenter à Godefroy. Huit jours après la reduction de la ville de Jerusalem,

le mesme Godefroy en fut proclamé
Roy, par un consentement general
de toute l'Armée, & conduit à
l'Eglise du saint Sepulcre, où la
Couronne d'or luy fut offerte;
mais il la refusa, protestant qu'il
n'en porteroit jamais de pareille
dans un lieu où le Sauveur avoit
esté couronné d'épines: il ne prit
pas mesme le titre de Roy, qu'on
ne laissa pas de luy attribuer avec
justice. Il fit de tres grandes actions
dans la courte durée de son Regne,
il fonda deux Chapitres de Chanoines, l'un dans l'Eglise du Temple,
l'autre en celle du S. Sepulcre, & un
Monastere dans la vallée de Josa-
phat. Il remporta une victoire éclatante sur le Soldan d'Egypte qui
venoit assiéger Jerusalem avec une
Armée de quatre-cens-mille hom-
mes, qui fut défaite, par la sage
conduite du nouveau Roy, avec
un petit nombre de soldats. Enfin
après des travaux inexplicables, il
tomba malade, & mourut le huitie-
me de Juillet 1100, la quarantieme

année de son âge, & la premiere
de son Regne. Ce Prince avoit
réüny en sa personne toutes les ver-
tus chretiennes, civiles, & militai-
res, sans mélange d'aucun défaut;
ce qui rendit sa perte bien amere
à notre sainte Comtesse.

Aprés cette mort si affligeante, le
Comte Eustache revint à Boulogne,
tant pour consoler sa mere, que
pour administrer ses Etats : mais
disons que la Providence voulut
qu'il fût témoin des merveilles de
Miracle sainte Ide. On rapporte la guérison
d'une fille sourde & muette, que
cette charitable Comtesse guérit
à la Capelle, à l'issuë de Matines,
l'ayant mise sous sa robe de nuit
pour la réchauffer. Le lendemain
elle luy fit donner une pension par
l'Abbé Ravenger, dont elle jouit
jusqu'à ce que son infidélité à la
grace luy attira ses premiers maux
& son ancienne misere. Ayant donc
perdu l'honneur, on luy retira le
bien d'Eglise avec beaucoup de rai-
son, & Notre Seigneur luy ôta

l'ouye & la parole. Ce châtiment estoit juste; mais la sainte Comtesse ne laissa pas de faire violence à la bonté de Dieu, pour obtenir le pardon de la criminelle. Il luy fut accordé; & la miserable retomba dans le mesme desordre: mais enfin elle se convertit entierement par le secours de sainte Ide, laquelle imitant la patience d'un Dieu, ne se lassa point d'assister celle qui s'en estoit renduë tres-indigne par sa légereté & par son inconti-nence.

Cette Dame si charitable envers les autres estoit tres-dure à elle-mesme, affoiblissant son corps par des jeûnes, des veilles & des prieres continuelles, elle y ajoûtoit le soin des Religieux, & des pauvres: c'é-toient ses pensionnaires, elle s'étoit chargée de leur entretien & de leurs necessitez. Ce travail la conduisit insensiblement à la mort; hureuse sans doute d'avoir esté trouvée veil-lante, & la lampe allumée entre les mains. Elle apprehendoit peu ce

Sa der-niere mala-die.

paſſage, eſperant qu'il la conduiroit au Royaume de Dieu. Sa maladie eſtant devenue dangereuſe, elle demanda l'Extreme-onction, & quelques jours après, le S. Viatique, avec une grande preſence d'eſprit. Les Religieux de S. Michel du Houat apprenant ſon extremité ſe rendirent auprès d'elle en diligence, eſtant fort ſenſibles à la perte d'une ſi ſainte Fondatrice; elle s'en apperçut, & pour les conſoler elle les aſſura que le Dimanche ſuivant elle ſeroit chez eux. Elle mourut un peu après minuit le treizieme d'Avril jour de Quaſimodo 1113. Elle fut pleurée des Religieux, des veuves, des orphelins & d'une multitude de gens qui vivoient à l'ombre de ſa protection: c'étoit quelque choſe de fort touchant d'entendre leurs cris & de voir leur conſternation. Cependant pluſieurs Cõmunautez plaidérent pour avoir ſon corps. Les Moines de Samèr qui poſſedoient celuy du Comte Euſtache firent valoir l'Ordonnance divine, *qu'il ne faut point ſeparer* ce que Dieu a conjoint. Les Chanoines Reguliers de saint Vilmèr de Boulogne dont elle estoit Fondatrice, présenterent aussi leur Requeste ; c'estoit leur Princesse & leur Souveraine. Les Religieux de la Capelle, où elle estoit decedée, alléguoient le texte de l'Ecriture. *Si l'arbre tombe au Midy ou au Septentrion ; en quelque lieu que ce soit, il y demeurera.* Mais toutes ces raisons cédérent à la prédiction & à la volonté de la Sainte ; & les Religieux de S. Michel du Houat emportérent son corps en leur Monastere. A quelque temps de là un bruit s'étant répandu que quelques Seigneurs d'Allemagne ses parens avoient dessein de l'enlever secretement, on ouvrit son tombeau, & son corps fut trouvé entier avec ses habits. Cela attira une nouvelle ardeur pour sa conservation, & Nôtre Seigneur rendit son Tombeau venerable, par plusieurs guerisons qui s'y firent ; celle entreautres de la niéce Mahaut, depuis

Eccl. 11 v. 31.

B

Reine d'Angleterre, qui y fut dé-
livrée de la fievre.

Ce Tombeau se voit encore en
une petite Eglise environnée de
broussailles, dite de sainte Ide, derriere l'Eglise priorale de S. Michel
du Houat en Boulonnois. Son corps
n'en a esté ôté qu'en 1669 : voicy
comme la chose arriva.

Un Cordelier, nommé le Pere
Salure, y estant allé pour dire la
sainte Messe, ne trouva ny les or-
nemens ny l'Autel en estat : cela le
toucha ; & pressé du zele de Dieu
il en fit de grandes plaintes. Sur-
quoy il arriva que la Reverende
Mere Mechtilde du saint Sacrement,
Prieure des Benedictines de l'Adoration perpetuelle du tres-saint Sacrement à Paris, qui étoit pour lors
à Nancy pour les affaires de l'Insti-
tut, ayant esté informée de la negli-
gence avec laquelle on tenoit l'Eglise qui possedoit les Reliques d'une
si grande Sainte, ne manqua pas
estant de retour à Paris d'en té-
moigner sa peine à Madame la Du-

cheſſe d'Orleans , & la ſollicita ſi puiſſamment qu'elle envoya M. Batailler Evêque de Bethléem , avec des lettres de ſa part, vers M. Perochel Evêque de Boulogne , pour traiter de la Tranſlation de ces ſaintes Reliques. Il falloit une authorité de ce poids , & en meſme temps un Prelat auſſi adroit que le Negociateur de cette affaire : car quoy que M. l'Evêque de Boulogne ne pût pas diſconvenir que ſainte Ide eſtoit mal logée dans ſon Dioceſe , il n'ignoroit pas cependant, que le peuple des environs alloit à elle dans tous ſes beſoins, & il apprehendoit quelque ſoulevement de leur côté. Il eut trouvé plus à propos de relever ſa ſepulture, que de ſe priver de ſon plus riche ornement : mais nous ſommes perſuadées que celuy qui eſt le maître des cœurs amollit enfin celuy de ce Prélat ; car après que M. l'Evêque de Bethleem eut demeuré quelques jours à Boulogne , il en revint chargé des précieuſes richeſſes qui

B ij

avoient esté le motif de son voyage, & les Filles du S. Sacrement profitérent de son travail , Madame Douairiere leur ayant donné le Corps de sa sainte Parente.

Tout cecy se peut voir dans le Procès verbal fait par M. l'Evêque de Boulogne le vint-huitieme Septembre mille six cens soixante & neuf , dans lequel il est marqué qu'il se transporta au village du Houat , accompagné de M. l'Evêque de Bethleem , d'un Archidiacre de son Eglise , d'un de ses Grands-Vicaires, d'un Prestre , & de son Secretaire ; qu'il fit ouvrir le Sepulcre où étoient les ossemens de la Sainte ; qu'il les fit mettre en une cassette, & qu'il les porta à Boulogne dans un carosse. M. Batailler Evêque de Bethleem les apporta à Paris à Madame Marguerite de Lorraine Duchesse Douairiere d'Orleans. Les instantes remontrances que fit le Bailly du Houat en l'absence du Prieur Regulier de l'Ordre de Clugny, qui estoit pour lors à Paris, &

les cris des habitans, n'avoient eu aucun effet. Madame d'Orleans peu après fit present de ces saintes Reliques aux Filles du S. Sacrement, établies depuis dans la ruë Cassette. La donation en date du troisieme jour de Mars mille six cens soixante & dix, est accompagnée d'un autre Certificat de M. Hardouin de Perefixe Archevêque de Paris, touchant l'examen de ces saintes Reliques, avec Permission aux Religieuses de les exposer en public à la veneration des fidelles : cet Acte fut expedié à Paris, le treizieme jour d'Octobre mille six cens soixante & dix.

Le mesme Prélat donna Permission de transporter quelqu'un des ossemens de la mesme Sainte à Nancy, au Monastere des Filles du saint Sacrement établies dans la mesme ville. Voila comme ce sacré corps, après plusieurs siecles, est devenu le partage des saintes victimes de Jesus-Christ, hors une côte qui a esté reportée au Houat,

& placée derriere le haut du grand Autel de S. Michel, dans une chasse débene enrichie de rainseaux d'argent, que Madame la Duchesse Douairiere d'Orleans leur envoya. On peut dire que ce saint Corps ne peut estre en des mains plus pures, ny dans un lieu où les choses saintes soient conservées avec plus de respect & plus de magnificence.

La vie de sainte Ide a esté écrite par un Religieux de S. Michel du Houat contemporain, & en abbrégé par Jean Gillemans Chanoine Régulier. Elle est rapportée dans l'excellent ouvrage des Peres Jésuites d'Anvers, où le Pere Henschenius a marqué toutes ses Fondations.

La pieté peut passer pour le caractere special de cette auguste Princesse. *Gubernavit ad Dominum cor ipsius, & in diebus peccatorum, corroboravit pietatem.* Eccli. 49. 4.

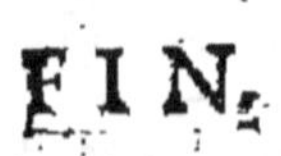

FIN.

APPROBATION.

J'AY lu cet écrit, à Paris ce vint-troisiéme jour de Décembre 1691.

COURCIER,
Theologal de Paris.

PERMISSION.

VU l'Approbation , permis d'imprimer. Fait ce septieme Janvier 1692.

DE LA REYNIE.